Brian Miller

Wintergrillen – Grillen bei Kälte, Schnee und Eis

Die besten Grillrezepte für die kalte Jahreszeit

Haftungsausschluss

Die Inhalte dieses Buches wurden mit größter Sorgfalt erstellt. Für die Richtigkeit, Vollständigkeit und Aktualität der Inhalte kann jedoch keine Gewähr übernommen werden. Der Inhalt des Buches repräsentiert die persönliche Erfahrung und Meinung der Autorin. Es wird keine juristische Verantwortung oder Haftung für Schäden übernommen, die durch kontraproduktive Ausübung oder durch Fehler des Lesers entstehen. Es kann auch keine Garantie auf Genuss übernommen werden. Der Autor übernimmt daher keine Verantwortung für das Nicht-Gelingen der im Buch beschriebenen Rezepte.
Dieses Buch enthält Links zu externen Webseiten Dritter, auf deren Inhalte die Autorin keinen Einfluss hat. Deshalb kann für diese fremden Inhalte auch keine Gewähr übernommen werden. Für die Inhalte der verlinkten Seiten ist stets der jeweilige Anbieter oder Betreiber der Seiten verantwortlich. Die verlinkten Seiten wurden zum Zeitpunkt der Verlinkung auf mögliche Rechtsverstöße überprüft. Rechtswidrige Inhalte waren zum Zeitpunkt der Verlinkung nicht erkennbar. Eine permanente inhaltliche Kontrolle der verlinkten Seiten ist jedoch ohne konkrete Anhaltspunkte einer Rechtsverletzung nicht zumutbar. Bei Bekanntwerden von Rechtsverletzungen werden wir derartige Links umgehend entfernen.

Wintergrillen

Grillen bei Kälte, Schnee und Eis

Die besten Grillrezepte für die kalte Jahreszeit

Inhaltsverzeichnis

365 Tage Grillsaison

Denn echte Männer grillen auch im Winter

“Lasst uns noch einmal grillen“, hieß es im Gruppenchat. „Noch ein letztes Mal, bevor die Grillsaison wieder zu Ende geht.“. Grillsaison zu Ende? Nicht wenn es nach mir geht! Meine Kumpels haben anscheinend noch nie vom Wintergrillen gehört. Warum sollte man die Saison denn nicht einfach ausdehnen können –zum Beispiel auf 365 Tage im Jahr? Klingt zu gut um wahr zu sein? Liebe Männer macht euch auf etwas gefasst: Ihr könnt sogar im tiefsten Schnee euer Steak brutzeln und das ist nicht gelogen - Ich verspreche es!

Doch wie komme ich eigentlich dazu euch vom Wintergrillen zu erzählen? Letztes Jahr im Winter, als der Schnee so vor sich hin rieselte und die Temperaturen immer kälter wurden, habe ich mir nichts sehnlicher gewünscht, als wieder ein wenig Fleisch auf den Grill zu schmeißen und dabei ein kühles Blondes zischen zu können – aber so wie es draußen aussah, wäre mir der Wunsch wohl lange nicht in Erfüllung gegangen. Ich musste mich also wohl oder übel damit abfinden, dass ich wieder auf den nächsten Sommer warten müsste, um erneut in den Genuss von saftigem Fleisch vom Grill zu kommen. So landete ich unerfüllt auf der Couch, machte den Fernseher an und suchte nach ein wenig Ablenkung. Als ich auf einem Sender über eine Grill-Doku stolperte dachte ich, dass alles wohl ein schlechter Scherz sei. Ich hatte mir in dem Moment nichts mehr gewünscht als grillen zu können und dann musste ich mir auch noch angucken wie andere genau das vor meinen Augen machten? Aber auf dem zweiten Blick fiel mir etwas auf: Die glücklichen Männer standen doch tatsächlich im Schnee und haben trotz der eisigen Kälte die Kohle im Grill entfacht und leckeres Fleisch darauf gegrillt. Ich konnte meinen Augen nicht trauen und wusste genau, das möchte ich auch probieren!

Einige Tage später habe ich meine Freunde zum Grillen eingeladen. „Grillen im Winter? Sollen wir uns alle den Allerwertesten abfrieren?“. So in etwa hagelte es Kritik im selben Gruppenchat, aber ich versprach ihnen, dass sie es nicht bereuen würden. Also nahm ich mir ein wenig Zeit, um alles perfekt vorzubereiten.

Ich habe an alle Beilagen gedacht und leckeres Fleisch besorgt, das nicht so lange auf dem Grill bleiben muss. Lange Wartezeiten sind bei solchen Außentemperaturen nicht wirklich angenehm und es macht auch nur Spaß, wenn einem nicht die Arme und Beine abfrieren. So habe ich ein wenig Gas für meinen Heizpilz gekauft und jedem eine Decke bereitgestellt. Meine Feuerschale, die seit dem letzten Sommer im Keller liegt, habe ich wieder ans Tageslicht geholt und ein wohliges Lagerfeuer entfacht. Mein Garten wurde zu einem Winterwunderland mit angenehmer Atmosphäre und das Beste: Keinem war kalt und aus der anfänglichen Kritik wurde großes Lob. Seitdem grillen meine Freunde und ich immer, wenn wir Lust darauf haben. Egal ob Sonne oder Schnee - mein Grill ist 365 Tage im Jahr betriebsbereit. Das Schöne daran ist: Ich muss nie wieder schweren Herzens auf die nächste Grillsaison warten: Meine Grillsaison geht nämlich das ganze Jahr über!

In diesem Buch habe ich dir meine liebsten Rezepte zusammengestellt, die mir und vor allem allen meinen Jungs schmecken. Neben leckeren Fleisch- und Fischgerichten habe ich sogar an meine vegetarischen Kollegen gedacht und interessante fleischlose Gerichte mit eingebracht. Für die perfekten Beilagen ist auch gesorgt und sogar tolle Dessert-Rezepte sind dabei, die jeden Grillabend im Winter gänzlich abrunden und auf jeden Fall die Damen in der Runde begeistern. Freue dich auf eine neue Grillerfahrung mit deiner Familie und deinen Freunden und werde auch ein Fan vom Wintergrillen. Ich verspreche dir, du wirst es nicht bereuen!

Rezepte

Beilagen und

vegetarische Gerichte

Weiches Pitabrot vom Grill

Zutaten für 4 Personen

250 g Mehl
250 ml lauwarmes Wasser
10 g Zucker
2 EL Olivenöl
1 Pck. Trockenhefe
Salz
Olivenöl für die Schüssel

Zubereitung (60 Minuten)

1. Gebe den Zucker mit dem lauwarmen Wasser und der Hefe in eine ausreichend große Schüssel. Lass die Zutaten etwa 10 Minuten an einem warmen Ort gehen.

2. Verknete nun die Zutaten in der Schüssel mit dem Olivenöl zu einem glatten Teig. Salze den Teig ein wenig und gebe ihn in eine andere mit Olivenöl ausgestrichenen Schüssel. Lass den Teig erneut für etwa 30 Minuten an einem warmen Ort gehen.

3. Knete den Teig anschließend erneut kurz durch und teile ihn in 10-12 Stücke. Rolle jedes Stück zu einem ½ cm breiten Fladen aus. Lass die Fladen erneut kurz gehen und grille sie dann bei mittlerer Hitze etwa 2-3 Minuten pro Seite an.

Tipp: Frisch gegrillt schmeckt das Brot am besten. Außerdem lässt es sich optimal in meine ausgewählten Grillsaucen tunken.

Knusprige Zwiebel-Fladen

Zutaten für 8 Personen

4 Stiele Thymian
5 Stiele Petersilie
150 g Zwiebeln
60 g Butter
450 g Mehl (Type 405)
1 Pck. Trockenhefe
3 TL Zucker
200 ml Buttermilch
2 ½ TL Salz

Außerdem
Mehl zum Bearbeiten

Zubereitung (20 Minuten)

1. Zupfe die Thymian- und Petersilienblättchen ab und hacke sie grob. Schneide die Zwiebeln in feine Streifen. Erhitze die Butter in einer Pfanne und dünste darin die Zwiebeln etwa 10 Minuten ab. Gebe die Kräuter dazu und lass die Mischung abkühlen.

2. Gebe das Mehl, die Hefe, das Salz, die Buttermilch und die Zwiebelmischung in eine ausreichend große Rührschüssel. Verknete alles mit den Händen zu einem glatten Teig.

3. Forme den Teig zu einer Kugel und lege ihn in eine Schüssel. Bedecke den Teig mit einem Küchentuch und lasse ihn etwa 1 Stunde an einem warmen Ort gehen.

4. Teile den Teig anschließend in 8 Portionen. Forme jeweils Kugeln daraus und drücke sie flach. Grille die Fladen direkt auf dem heißen Grill etwa 15-20 Minuten von beiden Seiten.

Tipp: Schneide das Fladenbrot auf und bestreiche es mit einer Sauce oder Dip deiner Wahl. Lege dann zum Beispiel ein wenig gegrilltes Gemüse oder Fleisch hinein.

Leckeres Stockbrot über dem Lagerfeuer

Zutaten für 12 Personen

400 g Mehl
300 ml lauwarme Milch
1 Pck. Trockenhefe
½ TL Salz
1 EL Zucker
2 EL Öl

Zubereitung (30 Minuten)

1. Bevor es an den Teig geht, solltest du dir Gedanken über das passende Holz für das Stockbrot Gedanken machen. Am besten eignen sich: Haselnuss, Buche und Weide. Vorsicht ist geboten bei Eibe und Holunder – diese sind nämlich giftig.

2. Gebe alle Zutaten in eine Schüssel und verknete alles zu einem glatten Teig. Lass ihn für etwa 15 Minuten an einem warmen Ort gehen.

3. Teile den Teig anschließend in 12 gleichgroße Stücke und ziehe diese zu einem etwa 20 cm langen Strang. Wickel die Stränge spiralförmig jeweils um einen Stock.

4. Im Abstand von etwa 20 cm das Stockbrot etwa 10 Minuten über die Glut im Grill halten.

Tipp: Um das Stockbrot ein wenig interessanter zu machen, kannst du es vor dem aufziehen sogar mit Belag deiner Wahl belegen. Sowohl süße Schokoaufstriche als auch deftige Varianten schmecken sehr gut.

Schnelle Käse-Zupf-Brötchen

Zutaten für 4 Personen
4 größere Brötchen
8 Raclette-Käsescheiben
Frische Kräuter

Zubereitung (20 Minuten)

1. Schneide jedes Brötchen mit einem scharfen Messer schachbrettartig ein.

2. Schneide den Raclette-Käse in passende Stücke und fülle ihn in die Schnitt-Rillen der Brötchen. Gebe nun einige frische Kräuter nach Wahl darüber. Wickel jedes Brötchen in Alufolie.

3. Lege die Brötchen auf den Grill so lange, bis der Käse vollständig zerlaufen ist.

Tipp: Die Brötchen am besten sofort vom Grill servieren, so lange der Käse noch warm und geschmolzen ist.

Leckere Feta-Päckchen

Zutaten für 4 Personen

500 g Feta
120 g getrocknete Tomaten in Öl
3 Knoblauchzehen
8 St. Alufolie
2 EL getrockneter Thymian
4 TL geröstete Pinienkerne
grober Pfeffer

Zubereitung (20 Minuten)

1. Schneide den Feta-Käse in 1 cm dicke Scheiben. Lass die Tomaten etwas abtropfen und schneide sie in grobe Streifen. Schneide außerdem die Knoblauchzehen in dünne Scheiben.

2. Lege jeweils 2 Alufolien aufeinander. Bestreiche die obere Folie mit etwas Tomatenöl. Streue auf jeder Folie zuerst ¼ der Knoblauchscheiben. Anschließend legst du ¼ der Feta-Scheiben, ¼ der Tomatenstreifen und ½ TL getrockneten Thymian auf die Folie.

3. Streue jeweils 1 TL zuvor in der Pfanne geröstete Pinienkerne und etwas groben Pfeffer darüber und schließe die Folie sorgfältig über dem Käse und an den Seiten.

4. Gare den Käse etwa 5-10 Minuten auf dem Grill.

Tipp: Der Käse ist schön zart und lässt sich perfekt auf dem selbstgemachten Pitabrot verstreichen.

Kleine Schafkäse-Couscous-Rotkohlpäckchen

Zutaten für 4 Personen

200 g Instant-Couscous
8 getrocknete Datteln
5 getrocknete Tomaten
1 Schalotte
100 g Schafkäse
1 EL Olivenöl
1 EL Honig
Kreuzkümmel
Meersalz
Pfeffer
8 saubere, dünne Rotkohlblätter

Zubereitung (45 Minuten)

1. Bereite den Couscous nach Packungsanweisung zu. Entkerne die Datteln und hacke sie zusammen mit den Tomaten. Putze die Schalotte und hacke diese ebenfalls. Vermenge den Couscous mit den Tomaten, den Datteln, den Schalotten, dem zerbröselten Schafkäse, dem Öl und dem Honig. Schmecke mit den Gewürzen ab.

2. Blanchiere die Rotkohlblätter 6-8 Minuten in etwas Salzwasser, schrecke sie mit kaltem Wasser ab und lasse sie gut abtropfen. Gebe je einen gut gefüllten EL vom Couscous in die Mitte des Rotkohlblattes, rolle die Blätter zu Rouladen und stecke sie mit Metallspießen fest.

3. Grille die Rouladen etwa 5 Minuten rundherum auf dem Grill.

Tipp: Mein mediterraner Joghurt-Dip schmeckt sehr gut dazu.

Bunter Gemüsespieß mit Kürbis und Paprika

Zutaten für 4 Personen

1 Butternuss-Kürbis
2 grüne Paprikaschoten
Olivenöl
Salz
Pfeffer
Rosmarin

Außerdem
8 Holzspieße

Zubereitung (40 Minuten)

1. Schäle den Kürbis, entferne die Kerne und schneide ihn in mundgerechte Stücke. Wasche die Paprikaschoten, halbiere, entkerne und schneide sie in Rechtecke.

2. Stecke abwechselnd jeweils Kürbis und Paprika auf die Holzspieße. Pinsel das Gemüse mit etwas Olivenöl ein und bestreue die Spieße mit Salz, Pfeffer und Rosmarin.

3. Lege die Spieße auf den Grill und grille sie unter mehrmaligen Wenden so lange, bis das Gemüse weich, aber noch bissfest ist.

Tipp: Das Gemüse kannst du super in einem meiner selbstgemachten Dips oder Saucen tunken.

Würzig-marinierte Kartoffelscheiben

Zutaten für 4 Personen

6 große Kartoffeln
etwas herkömmliches Salz
etwas grobes Salz
Pfeffer
2 EL Honig
2 EL Zitronensaft
4 EL Olivenöl
1 EL gehackte Rosmarinnadeln
1 EL gehackte Petersilie

Zubereitung (40 Minuten)

1. Gare die Kartoffeln in kochendem Salzwasser bissfest. Gieße sie ab, pelle und schneide sie in Scheiben.

2. Bestreiche den Grillrost ausreichend mit Öl und grille die Kartoffelscheiben von jeder Seite kräftig 1-2 Minuten. Würze mit grobem Salz und Pfeffer.

3. Verrühre währenddessen Honig, Zitronensaft und Olivenöl in einer Schüssel. Rühre dann den Rosmarin und die Petersilie unter.

4. Wende die Kartoffeln vor dem Servieren in der Marinade.

Tipp: Probiere dazu doch meine selbstgemachte Zitronen-Aioli.

Schlemmerkartoffeln im Speck-Rosmarin-Mantel

Zutaten für 4 Personen

12 vorwiegend festkochende Kartoffeln
4 Zweige Rosmarin
24 Scheiben geräucherter Speck
50 g Butter
Meersalz
Pfeffer

Außerdem
Alufolie zum Grillen

Zubereitung (30-60 Minuten)

1. Wasche die Kartoffeln und gare sie etwa 25 Minuten in kochendem Salzwasser. Gieß das Wasser ab und lass die Kartoffeln etwas abkühlen.

2. Wasche und schüttle den Rosmarin trocken. Streife die Nadeln von den Zweigen.

3. Lege jeweils 2 Scheiben Speck leicht überlappend nebeneinander. Bestreue den Speck mit dem Rosmarin.

4. Schneide die Kartoffeln längs ein und drücke sie vorsichtig auseinander. Würze mit etwas Salz und Pfeffer und gebe die übrigen Rosmarinnadeln, sowie die Butter in kleinen Flöckchen in die Einschnitte. Drücke die Kartoffeln wieder leicht zusammen und umwickel sie straff mit je 2 Scheiben Speck.

5. Lege den Grillrost mit der Alufolie aus und gebe die Kartoffeln, mit etwa 10 cm Abstand zur Glut, für etwa 10-12 Minuten darauf. Der Speck soll dabei schön knusprig werden, die Kartoffeln währenddessen immer wieder wenden.

Tipp: Mein Mediterraner Joghurt-Dip passt hervorragend dazu.

Knusprige Bacon-Zwiebelringe

Zutaten für 4 Personen
2 große Gemüsezwiebeln
300 g dünne Baconscheiben
1 EL selbstgemachte BBQ-Sauce (siehe Grillsaucen und Dips)
Meersalz

Zubereitung (40 Minuten)

1. Schneide den Strunk und die Wurzel von den Zwiebeln ab und ziehe vorsichtig die trockene Zwiebelhaut ab. Schneide die Zwiebeln in ca. 1 cm dicke Scheiben. Drücke aus den Scheiben Ringe heraus, dabei bilden zwei Schichten jeweils einen Ring.

2. Gare die Zwiebelringe etwa 5 Minuten in kochendem Salzwasser. Tropfe die Ringe auf Küchenpapier ab, pinsle sie mit der BBQ-Sauce ein und umwickle sie mit Speck.

3. Grille die Zwiebelringe etwa 20 Minuten auf dem Grill bis sie knusprig sind.

Tipp: Die Zwiebelringe passen gut zu den gefüllten Schweinemedaillons.

Winterlicher Rotkohl-Salat mit karamellisierten Birnen und Gorgonzola

Zutaten für 4 Personen

1 kleiner Rotkohl
3 EL Walnusskerne
2 feste reife Birnen
1 Zitrone
1 TL Walnussöl
2 TL flüssiger Honig
1 EL Olivenöl
80 g Gorgonzola
½ Bund Petersilie
Salz
Pfeffer

Zubereitung(60 Minuten)

1. Putze, wasche und verarbeite den Rotkohl mit einem Gemüsehobel zu feinen Streifen. Vermische den Rotkohl in einer Schüssel mit 2 TL Salz und knete ihn etwa 5-8 Minuten kräftig durch. Lass den Rotkohl anschließend 30 Minuten ziehen.

2. Währenddessen kannst du die Walnüsse in einer großen Pfanne ohne Fett anrösten. Gebe sie anschließend auf einen Teller und stelle sie beiseite.

3. Wasche, entkerne und viertel die Birnen und schneide sie anschließend in dünne Spalten. Presse den Saft einer halben Zitrone in ein kleines Schälchen.

4. Erhitze das Walnussöl in einer Pfanne. Brate darin die Birnenspalten kurz an, träufle den Honig darüber und lass ihn karamellisieren. Gieße den Zitronensaft darüber und nimm die Birnen heraus.

5. Für das Dressing rührst du das Olivenöl unter die Zitronen-Karamell-Mischung. Schmecke mit Salz und Pfeffer ab.

6. Entrinde den Gorgonzola und schneide ihn in kleine Würfel. Hebe die Birnenspalten unter den Rotkohl und mische das Dressing unter.

7. Wasche und trockne die Petersilie. Zupfe die Blätter ab und hacke sie ihn feine Stücke. Streue sie mit den Walnüssen und dem Gorgonzola über den Salat.

Tipp: Passt super zu Lamm und Hähnchen.

Fleisch

Hähnchen-Saltimbocca mit Parmaschinken und Parmesan vom Spieß

Zutaten für 6 Portionen

25 g getrocknete Tomaten
1 EL geriebener Parmesan
1 TL Bio-Zitronenschale
6 EL Olivenöl
2 Hähnchenbrustfilets
6 Scheiben Parmaschinken
12 Salbeiblätter
2 Zitronen
4 EL Zucker
Pfeffer

Außerdem
12 Holzspieße
Gefrierbeutel

Zubereitung (40 Minuten)

1. Weiche die Holzspiele mindestens eine halbe Stunde in Wasser ein. Überbrühe die Tomaten in kochendem Wasser, gieße sie ab und lass sie gut abtropfen. Hacke die Tomaten nun in grobe Stücke und zerkleinere sie mit dem Parmesan, der Zitronenschale, etwas Pfeffer und 3 EL Öl in einem Mixer.

2. Schneide kleine Filets von den Hähnchenbrustfilets ab. Die großen Hähnchenbrustfilets schneidest du in ca. 1 cm dicke Scheiben. Plattiere sowohl die kleinen als auch die großen Filets nacheinander in einem Gefrierbeutel mit einem Plattiereisen.

3. Halbiere die Parmaschinken-Scheiben jeweils quer. Streiche je 1 TL Tomatenmasse auf die plattierten Fleischstücke und belege sie mit je 1 Stück Schinken und klappe sie zur Hälfte zu. Belege die Saltimbocca mit je 1 Salbeiblatt und verschließe sie mit dem Holzspiel. Viertel die Zitronen.

4. Beträufle die Saltimbocca von beiden Seiten mit 3 EL Öl und grille sie von jeder Seite etwa 5-7 Minuten. Drücke währenddessen die

Zitronenviertel in den Zucker und grille auch diese von jeder Seite etwa 3-4 Minuten. Serviere sie zu der Saltimbocca.

Tipp: Reiche dazu etwas Brot oder eine andere Beilage, zum Beispiel meine marinierten Kartoffelscheiben.

Knusprige Cajun-Wings

Zutaten für 4 Personen

½ TL Kreuzkümmelsamen
4 Stiele Thymian
4 Stiele Oregano
2 TL schwarze Pfefferkörner
2 Knoblauchzehen
2 Schalotten
2 TL Salz
4 TL edelsüßes Paprikapulver
2 TL Cayennepfeffer
100 ml Tomatenketchup
3 EL Akazienhonig
2 EL Olivenöl
1 kg Hähnchenflügel

Zubereitung (60 Minuten)

1. Die Marinade solltest du am Vortag zubereiten. Röste dazu den Kreuzkümmel kurz in einer Pfanne ohne Fett. Zupfe die Thymian- und Oregano-Blättchen von den Stielen und hacke sie fein. Zerstoße die Pfefferkörner und den Kreuzkümmel im Mörser. Schäle den Knoblauch und die Schalotten, schneide sie in grobe Würfel und verarbeite sie mit den Gewürzen im Mörser und dem Salz zu einer feinen Paste. Verrühre die Paste mit dem Paprikapulver, dem Cayennepfeffer, dem Ketchup, dem Honig, dem Olivenöl, dem Thymian und dem Oregano.

2. Streiche die Hähnchenflügel großzügig mit der Marinade ein und gebe sie in einen großen Gefrierbeutel. Die Hähnchenflügel sollten über Nacht im Kühlschrank marinieren.

3. Am nächsten Tag lässt du die Hähnchenflügel in einem Sieb abtropfen. Fange dabei die Marinade auf. Grille die Hähnchenflügel bei mittlerer Hitze von allen Seiten etwa 25-30 Minuten. Bestreiche sie immer wieder mit der aufgefangenen Marinade.

Tipp: Leckere Folienkartoffeln aus der Glut passen hervorragend zu den Wings.

Saftige Rindfleisch-Spieße mit Zimt

Zutaten für 8 Personen

2 EL Aceto Balsamico
2 TL fein gehackter Knoblauch
½ TL frisch gemahlener Pfeffer
2 EL Rotweinessig
1 EL edelsüßes Paprikapulver
1 TL gemahlener Zimt
¾ TL grobes Meersalz
½ TL gemahlene Kurkuma
½ TL gemahlener Piment
Olivenöl
1 kg ausgelöstes flaches Roastbeef

Zubereitung (90 Minuten)

1. Verquirle 3 EL Olivenöl mit dem Aceto Balsamico, dem Knoblauch und dem Pfeffer. Stelle die Mischung beiseite.

2. Verrühre in einer anderen Schüssel 1 EL Olivenöl mit dem Rotweinessig und den restlichen Gewürzen. Schneide das Roastbeef in 3-4 cm große Würfel und gebe sie in die Würzmischung. Vermische alles gut miteinander und lasse das Fleisch mindestens 1 Stunde abgedeckt im Kühlschrank marinieren. Nehme es 15 Minuten vor dem Grillen heraus.

3. Stecke die Rindfleischwürfel zu gleichen Teilen auf die Spieße und grille sie bei starker Hitze und geschlossenem Deckel für etwa 5 Minuten. Wende sie gelegentlich. Bestreiche die Spieße mit dem Balsamico-Öl und grille sie bis zum gewünschten Gargrad fertig.

Tipp: Reiche dazu selbstgemachtes Pita-Brot.

Gegrillte Cevapcici vom Spieß

Zutaten für 4 Portionen

150 g säuerlicher Apfel
1 Zwiebel
1 Knoblauchzehe
500 g Rindfleisch
1 Ei
3 EL Semmelbrösel
½ TL Chiliflocken
3 EL frisch gehackter Thymian
Salz
4 EL Öl

Außerdem
16 Holzspieße

Zubereitung (40 Minuten)

1. Lege die Holzspieße in kaltes Wasser und lasse sie etwa eine halbe Stunde quellen. Währenddessen entkerne und rasple den Apfel. Schäle die Zwiebel und den Knoblauch und schneide beides in sehr feine Würfel.

2. Verknete das Hackfleisch mit dem Ei, den Semmelbröseln, ½ TL Chilipulver, den Äpfeln, den Zwiebeln, dem Knoblauch und dem Thymian zu einer glatten Masse. Würze kräftig mit Salz und forme aus der Masse 16 Rollen.

3. Verteile Öl auf 2 Tellern, wende die Spieße einmal im Öl und stecke je eine Rolle Hackfleisch darauf.

4. Grille die Cevapcici-Spieße rundherum etwa 8-10 Minuten auf dem heißen Grill.

Tipp: Serviere die Cevapcici mit selbstgemachtem Pita-Brot und meinem mediterranen Joghurt-Dip.

Winterlicher Burger mit Gorgonzola und Walnüssen

Zutaten für 4 Personen

700 g Rinderhackfleisch (20% Fett)
60 g Walnusskerne
Etwas Dijon-Senf
1 TL fein gehackter Knoblauch
1 TL grobes Meersalz
½ TL frisch gemahlener schwarzer Pfeffer
120 g zerbröckelter Gorgonzola
4 Tomatenscheiben
50 g Rucola-Blätter
4 Burger-Brötchen

Zubereitung (25 Minuten)

1. Hacke die Walnusskerne und röste sie kurz in einer Pfanne ohne Fett. Vermenge die Walnüsse mit 1 ½ EL Senf, dem Knoblauch, dem Salz und dem Pfeffer.

2. Forme mit angefeuchteten Händen vier lockere Bällchen aus der Hackfleischmasse. Drücke mit dem Daumen jeweils eine tiefe Mulde in die Mitte der Bällchen und gebe je ¼ des Gorgonzola in die Mulde. Verschließe das Hackfleisch gründlich über dem Käse und drücke die Pattys gleichmäßig auf etwa 2 ½ cm flach.

3. Grille die Pattys bei mittlerer bis starker Hitze und geschlossenem Deckel für etwa 8-10 Minuten, bis sie durch bzw. medium sind. Wende sie, sobald sie sich leicht vom Rost lösen lassen.

4. Gebe während der letzten Grillminute die Brötchenhälften mit der Schnittfläche nach unten auf den Grillrost. Nehme jetzt die Pattys und die Brötchen vom Grill. Bestreiche die Schnittflächen von den Brötchen mit ein wenig Senf und lege jeweils 1 Patty, 1 Tomatenscheibe und etwas Rucola hinein.

Tipp: Die knusprigen Bacon-Zwiebelringe werden euch gut dazu schmecken.

Würzige Lammbratwürste mit exotischem Feigensenf

Zutaten für 8 Personen

Für die Würste

1,5 m Schweinedarm (beim Metzger bestellbar)
2 Knoblauchzehen
½ TL Koriander
1 TL schwarze Pfefferkörner
2 TL grobes Meersalz
1 rote getrocknete Chilischote
2 EL edelsüßes Paprikapulver
1 TL Harissa
1 TL Raz el Hanout
400 g Lammhackfleisch
400 g Schweinehackfleisch
einige zerstoßene Eiswürfel

Für den Feigensenf

100 g getrocknete Feigen
1 EL Zucker
300 ml Rotwein
100 ml roter Portwein
1 Stiel Thymian
150 g mittelscharfer Dijon-Senf

Zubereitung (60 Minuten)

1. Reinige den Schweinedarm gründlich unter fließendem kaltem Wasser. Lege ihn dann für 20 Minuten in Wasser ein.

2. Währenddessen kannst du den Knoblauch pellen und durch eine Knoblauchpresse pressen. Röste den Koriander kurz in einer Pfanne ohne Fett. Zerstoße dann die Pfefferkörner, das Meersalz, den gerösteten Koriander und die Chilischote in einem Mörser. Gebe jetzt die restlichen Gewürze dazu und vermische alles gut miteinander.

Verknete nun beide Hackfleischsorten mit dem Knoblauch und den Gewürzen.

3. Gebe die Hackmasse mit einigen zerstoßenen Eiswürfeln in eine Küchenmaschine und mixe alles so lange, bis sich das Fleisch und Eis verbunden haben. Stelle die Hackmasse zugedeckt für eine halbe Stunde in den Kühlschrank.

4. Nimm den Darm aus dem Wasser und fülle das Hackfleisch in einen Spritzbeutel mit großer Lochtülle. Streife den Darm von einer Öffnung aus tropfnass über die Spritztülle. Drücke die Hackfleischmasse nun gleichmäßig in den Darm.

5. Teile die Wurst mit Drehbewegungen in 8 gleich lange Stücke. Drücke dabei die Wurstenden zusammen und schneide die Würste in den Zwischenräumen durch. Die Würste kommen jetzt erneut für etwa 30 Minuten in den Kühlschrank.

6. Solange die Würstchen abkühlen, kannst du für den Senf die Feigen klein würfeln. Karamellisiere den Zucker in einem Topf, gebe die Feigen dazu und lösche alles mit dem Rot- und Portwein ab. Zupfe die Thymianblättchen vom Stängel und gebe auch diese mit in den Topf. Koche die Sauce bei mittlerer Hitze sirupartig ein, lass ihn danach abkühlen.

7. Die Lammbratwürste kommen bei mittlerer Hitze für etwa 15 Minuten auf den Grill. Währenddessen kannst du den Feigensirup frisch mit dem Senf verrühren und zu den fertig gegrillten Würstchen reichen.

Tipp: Wenn du keinen Schweinedarm bekommst oder ein wenig Abwechslung brauchst, kannst du aus dem Hackfleisch auch Buletten formen und grillen.

Lamm-Chops in Weinblättern mit würzigem Pesto

Zutaten für 6 Personen

1 Lammkeule am Knochen
30 g Pinienkerne
1 Knoblauchzehe
1 Bund Basilikum
1 Bund Petersilie
150 ml Öl
50 ml Olivenöl
Salz
grobes Meersalz
Pfeffer
2 TL Zitronensaft
48 Weinblätter in Salzlake

Zubereitung (90 Minuten)

1. Röste die Pinienkerne in einer Pfanne ohne Fett bis sie hellbraun sind. Pelle den Knoblauch und schneide ihn in grobe Stücke. Zupfe die Basilikum- und Petersilienblätter ab. Gebe alles in einen schmalen, hohen Messbecher, gieße beide Ölsorten zu und salze nach Belieben. Püriere nun alles mit einem Pürierstab und schmecke mit Zitronensaft ab. Stelle das Pesto zugedeckt in den Kühlschrank.

2. Entbeine die Lammkeule und teile sie in 8 gleichgroße Stücke. Schneide das Fett und die Sehnen sorgfältig ab. Würze die Lammstückchen mit Pfeffer und wälze sie in 4 EL Pesto.

3. Lege die Weinblätter für etwa 5 Minuten in kaltes Wasser. Lasse die Blätter abtropfen und trockne sie zwischen Küchenpapier. Schneide die Blattstiele ab. Lege je 3 Weinblätter überlappend auf die Arbeitsfläche und wickle darin ein Fleischstück ein. Lege weitere 3 Blätter auf die Fläche und wickle das Fleischstück erneut ein. Verfahre mit den anderen Fleischstücken genauso.

4. Grille die Lamm-Päckchen bei mittlerer Hitze für 20-25 Minuten und wende sie dabei mehrmals. Nehme die Päckchen vom Grill, lass sie etwa 5 Minuten ruhen und wickle das Fleisch danach aus den Weinblättern. Würze es noch mit etwas Salz und reiche es mit dem restlichen Pesto.

Tipp: Sehr lecker dazu sind Kartoffeln oder frisch gegrilltes Brot.

Gefüllte Schweinemedaillons mit Gorgonzola und Knoblauch-Tomaten

Zutaten für 2 Personen

300 g Schweinefilets
Pfeffer
60 g Gorgonzola
8 Zweige Rosmarin
350 g Strauchtomaten
1 Knoblauchzehe
4 EL Olivenöl
Salz
Zucker

Außerdem
Alu-Grillschale

Zubereitung (45 Minuten)

1. Schneide das Fleisch in acht 1 ½ cm dicke Medaillons und schneide jeweils eine ca. 2 cm tiefe Tasche hinein. Klappe das Fleisch auf, drücke es etwas flach und würze es mit Pfeffer. Fülle die Medaillons mit je 2 TL Gorgonzola und klappe sie zusammen.

2. Streife von den Rosmarinzweigen die Nadeln ab und schneide das Ende mit einem Messer schräg ab. Verschließe das Fleisch sorgfältig mit den Rosmarinzweigen.

3. Befreie die Tomaten vom Stielansatz und schneide sie in grobe Stücke. Schneide den Knoblauch in feine Scheiben. Gebe die Tomaten und den Knoblauch in eine Alu-Grillschale, füge 2 EL Öl hinzu und mische die restlichen Rosmarinnadeln unter. Würze mit etwas Salz, Pfeffer und 1 Prise Zucker. Gare das Gemüse zugedeckt für etwa 10 Minuten auf dem heißen Grill.

4. Gebe die gefüllten Medaillons gleichzeitig auch in eine mit 2 EL Öl gefettete Alu-Schale und grille sie von jeder Seite etwa 5-6 Minuten. Würze mit Salz und Pfeffer. Reiche die Medaillons mit dem Gemüse.

Tipp: Ein wenig meiner selbstgemachten Kräuter-Frischkäse-Butter und frisches Brot schmecken sehr gut dazu.

Exotische Surf & Turf-Spieße

Zutaten für 6 Personen

3 EL Rapsöl
0,1 g Safranfäden
1 gestr. TL edelsüßes geräuchertes Paprikapulver
2 EL Olivenöl
3 Rindermedaillons
12 Stück Jacobsmuschelfleisch
1 Dose Ananas
Salz

Außerdem
12 Holzspieße

Zubereitung (20 Minuten)

1. Weiche die Holzspieße mindestens 30 Minuten in Wasser ein. Erwärme das Öl in einem kleinen Topf und zermahle in der Zwischenzeit die Safranfäden mit einem Löffelrücken. Löse den Safran im warmen Öl auf und gebe das Paprikapulver und das Olivenöl dazu.

2. Nehme die Ananasscheiben aus der Dose und lass sie abtropfen. Schneide die Scheiben in mundgerechte Stücke.

3. Halbiere die Rindermedaillons quer. Stecke je 1 Rinderfilethälfte, 1 Ananasstückchen und 2 Jakobsmuscheln abwechselnd auf jeweils 2 Holzspieße. Gebe das Safranöl in eine flache Schale oder Auflaufform. Wende die Spieße gründlich in dem Öl und massiere es zusätzlich leicht in das Fleisch ein. Lass die Spieße zugedeckt etwa 1 Stunde im Kühlschrank marinieren.

4. Nehme die Spieße 15 Minuten vor dem Grillen aus dem Kühlschrank. Salze das Fleisch und grille die Spieße 3 Minuten von jeder Seite.

Tipp: Die Zitronen-Aioli passt perfekt zu den Surf & Turf-Spießen.

Fisch

Leckere Dorade mit frischen Kräutern

Zutaten für 4 Personen

4 küchenfertige Doraden
100 g Schalotten
Salz
Pfeffer
8 Bio-Zitronenscheiben
4 Stiele Fenchelkraut
8 Stiele Thymian
4 EL Zitronensaft
10 EL Olivenöl

Außerdem
Fischgrillzange

Zubereitung (35 Minuten)

1. Wasche die Doraden von innen und außen und tupfe sie dann trocken. Schneide die Schalotten in grobe Scheiben. Schneide die Doraden schräg auf jeder Seite 2-3 Mal ein und würze sowohl innen als auch außen mit Salz und Pfeffer. Fülle die Bauchhöhlen mit je 2 Zitronenscheiben, 1 Stiel Fenchelkraut, 1 Stiel Thymian und den Schalotten. Stelle die Fische vor dem Grillen auf einem feuchten Küchentuch in den Kühlschrank.

2. Für die Marinade streife die restlichen Thymian-Blättchen ab und hacke sie fein. Verrühre den Thymian mit dem Zitronensaft und 6 EL Olivenöl. Schmecke mit Salz und Pfeffer ab.

3. Pinsel die Doraden von beiden Seiten mit dem restlichen Olivenöl ein und gebe sie in eine Fischgrillzange. Bestreiche jede Dorade mit der Marinade und grille sie für 10-15 Minuten, dabei immer wieder mit Marinade bestreichen.

Tipp: Gut dazu passen meine Gemüse-Spieße und Kartoffelscheiben.

Lachs vom Zedernholzbrett mit Kartoffeln in Honig-Senf-Sauce

Zutaten für 6 Personen
1 kg Lachsfilet mit Haut
4 EL Gin
1 Bund Dill
15 g Salz
20 g Zucker

Für die Kartoffeln
1,5 kg kleine Kartoffeln
Selbstgemachte Honig-Senf-Sauce (Siehe Grillsaucen und Dips)
etwas Olivenöl

Außerdem
Zedernholzbrett
Alu-Grillschale

Zubereitung (3 Stunden)

1. Lege das Zedernholzbrett in heißes Wasser, beschwere es und weiche es mindestens 2-3 Stunden ein.

2. Reibe das Lachsfilet auf der Fleischseite mit Gin ein und verteile fein geschnittenen Dill auf der Seite. Vermische das Salz und den Zucker und streue die Mischung über das Filet. Wickle den Lachs stramm in Folie und lasse ihn 2-3 Stunden im Kühlschrank beizen.

3. Koche die Kartoffeln mit der Schale bissfest. Nehme sie heraus und lasse sie ausdampfen. Vermische die Kartoffeln mit etwas Olivenöl, salze sie und gebe sie in eine Alu-Grillschale.

4. Die Kohle sollte von einer dünnen Ascheschicht überzogen sein. Schaffe zwei Hitze-Zonen, indem du die Glut auf eine Seite für die

direkte Hitze aufschichtest. Die andere Seite lässt du für die indirekte Hitze frei.

5. Tropfe das gewässerte Brett leicht ab und gebe den Lachs mit der Hautseite nach unten darauf. Lege das Brett mit dem Lachs auf die Glutseite und gebe die Kartoffeln in die indirekte Zone. Schließe den Grilldeckel und gare alles für etwa 20-25 Minuten.

6. Während des Lachs gart, bereite die Honig-Senf-Sauce zu. Serviere den fertigen Lachs und die Kartoffeln mit der Sauce.

Tipp: Gebe ein wenig frischen Zitronensaft über das fertige Filet. Das verleiht dem Fisch eine leckere Note.

Geräucherte Forellenfilets auf Röstbrot mit Preiselbeer-Butter und Haselnüssen

Zutaten für 4 Personen

8 Forellenfilets mit Haut
80 g Haselnussblättchen
Salz
1 Zweig Rosmarin
250 g weiche Butter
100 g Preiselbeer-Konfitüre
schwarzer Pfeffer aus der Mühle
8 Scheiben Roggenbrot
1 Bund Dill
Perlzwiebeln aus dem Glas

Außerdem
Alufolie
Klarsichtfolie
1 Handvoll Räucherspäne

Zubereitung (40 Minuten)

1. Weiche die Räucherspäne etwa 30 Minuten in warmem Wasser ein. Röste die Haselnussblättchen in einer Pfanne ohne Fett goldbraun. Salze diese leicht und stelle sie auf einem Teller zum Abkühlen beiseite.

2. Für die Preiselbeer-Butter schneidest du den Rosmarin fein und verrührst ihn mit der Hälfte der gerösteten Haselnüsse, der weichen Butter und der Preiselbeer-Konfitüre. Würze die Butter mit etwas Salz und Pfeffer. Belege ein Stück Alufolie mit einem Stück Klarsichtfolie, gebe die Buttermasse mittig darauf und drehe sie zu einer Rolle. Drehe die Enden zusammen.

3. Nehme die eingeweichten Späne aus dem Wasser und gebe sie abgetropft auf ein Alufolienstück. Drehe die Folie über den Spänen so zusammen, dass ein Päckchen entsteht. Steche das Päckchen mit einer Gabel mehrmals ein.

4. Schaffe im Grill zwei Hitze-Zonen, indem du die Glut auf eine Seite aufschichtest und die andere Seite freilässt. Lege das Räucherpäckchen direkt auf die Glut und schließe den Deckel.

5. Salze die Forellenfilets. Nach etwa 8 Minuten beginnt das Räucherpäckchen zu rauchen. Öle jetzt den Grillrost mit einem ölgetränkten Tuch ein und gebe die Forellenfilets mit der Hautseite nach unten in die indirekte Zone. Schließe den Deckel und nach 5-8 Minuten sind die Forellenfilets gar.

6. Röste jetzt die Brotscheiben auf der Seite der direkten Hitze. Bestreiche die Brote mit der Preiselbeerbutter. Ziehe die Haut von den Forellenfilets ab und lege die Filets auf die Brote. Serviere den Fisch dekoriert mit noch mehr Preiselbutter, dem Dill, dem Rosmarin, den Perlzwiebeln und den übrigen gerösteten Haselnüssen.

Tipp: Du kannst die Preiselbeerbutter in einem Töpfchen auf dem Grill etwas schmelzen lassen und direkt über den gegrillten Fisch geben.

Gegrillter Thunfisch Teriyaki-Style

Zutaten für 4 Personen
4 dicke Thunfischfilets
Olivenöl

Für die Teriyaki-Sauce
30 g frischer Ingwer
1 Knoblauchzehe
250 ml Sojasauce
100 ml flüssiger Honig
100 ml süßscharfe Chilisauce
1 TL Reisessig
3-4 EL Sesamsaat

Zubereitung (20 Minuten)

1. Für die Teriyaki-Sauce schälst du den Ingwer und reibst ihn fein. Pelle den Knoblauch und reibe auch diesen fein. Vermische beides mit der Sojasauce, dem Honig, der Chilisauce und dem Essig in einem Topf und koche alles ohne Deckel für 2-3 Minuten sirupartig ein. Passiere den Sirup durch ein Sieb und stelle es beiseite. Röste den Sesam in einer Pfanne ohne Fett goldbraun und rühre die Hälfte davon unter die Teriyaki-Sauce.

2. Bestreiche die Thunfischfilets dünn mit Olivenöl. Reibe dein Grillrost mit einem ölgetränktem Tuch dünn ein und lege die Thunfischsteaks darauf, dabei solltest du den Thunfisch nicht wenden. Prüfe dafür am besten alle 2 Minuten den Fortschritt der Steaks, bis das gewünschte Ergebnis erreicht ist.

3. Bestreiche die Thunfischsteaks mit der Teriyaki-Sauce und reiche sie mit der restlichen Sauce.

Tipp: Gut zu dem Thunfisch passt der Rotkohl-Salat mit karamellisierten Birnen und Gorgonzola.

Pulled Thunfisch-Tacos mit Bohnen-Hummus

Zutaten für 4 Personen

Für die Tacos
4 Thunfischmedaillons
Olivenöl
8 Taco Shells

Für das Hummus
1 Glas dicke, weiße Bohnen
4 EL Tahinpaste
2-3 Messerspitzen Currypulver
2-3 EL Zitronensaft
1 Knoblauchzehe
Salz
Cayennepfeffer

Zubereitung (20 Minuten)

1. Gieße die Bohnen ab, spüle sie mit kaltem Wasser ab und lasse sie in einem Sieb abtropfen. Die Bohnen pürierst du in einem Mixer mit der Tahinpaste, der gepellten Knoblauchzehe, dem Currypulver, dem Zitronensaft und 3-4 EL Wasser zu einer cremigen Masse. Würze den Hummus mit Salz und Cayennepfeffer.

2. Bestreiche die Thunfischmedaillons dünn mit Olivenöl. Achte darauf, dass die Glut im Grill gleichmäßig durchgeglüht ist und von mittlerer Hitze ist. Reibe den Grillrost mit einem ölgetränkten Tuch ein und lege den Thunfisch darauf. Schließe den Deckel und von grille die Medaillons von jeder Seite etwa 2-4 Minuten. Würze mit Salz.

3. Fülle die Tacos mit dem Bohnen-Humus. Nehme die Thunfischmedaillons vom Grill und zerteile ihn leicht mit zwei Gabeln. Fülle nun den Thunfisch in die Tacos. Dekoriere mit der übrigen Bohnencreme, einigen Tropfen Olivenöl und Cayennepfeffer.

Tipp: Du kannst die Tacos vor dem Befüllen sogar auf dem Grill warm machen.

Ingwer-Fisch-Spießchen auf einem Wirsingbett

Zutaten für 4 Personen

800 g Kabeljau-Filet
2 dünne rote Paprikaschoten
4 rote Zwiebeln
2 EL feingehackter frischer Ingwer
1 Zitrone
2 TL Gin
2 EL Olivenöl
500 g Wirsing
1 EL Butter
Salz
Pfeffer

Zubereitung (45 Minuten)

1. Vermenge den Ingwer, die Schale einer Zitrone, den Zitronensaft einer halben Zitrone, 1 TL Salz, frisch gemahlenen Pfeffer und das Olivenöl miteinander.

2. Wasche, trockne und schneide den Fisch in mundgerechte Stücke. Lege ihn in die Marinade und lasse ihn etwa 1 Stunde bei Zimmertemperatur marinieren. Schäle die Zwiebel und schneide sie in dicke Scheiben. Schneide auch die Paprika in Scheiben. Lege das Gemüse beiseite.

3. Währenddessen wäschst du den Wirsing und dämpfst ihn mit etwas heißem Wasser etwa 20 Minuten. Erhitze die Butter in einer Pfanne und schwenke den Wirsing darin. Schmecke mit Salz und Pfeffer ab.

4. Stecke die marinierten Fischstücke abwechselnd mit den Zwiebeln und den Paprikaschoten auf die Spieße. Grille die Spieße für etwa 15 Minuten von beiden Seiten auf dem heißen Grill.

5. Gebe den Kohl auf die Teller und lege die Fischspieße darüber.

Tipp: Reiche dazu meine leckeren Kartoffelscheiben.

Saftige Erdnussbutter-Lach-Spieße vom Grill

Zutaten für 6 Personen

1 rote Chilischote
1 Bio-Limette
10 Stiele Koriandergrün
100 g stückige Erdnussbutter
1 kg Lachsfilet ohne Haut
Salz

Außerdem
12 lange Holzspieße
Pinzette
Alu-Grillschale

Zubereitung (25 Minuten)

1. Weiche die Holzspieße für mindestens 30 Minuten in kaltem Wasser ein. Halbiere, entkerne und schneide die Chili in feine Würfel. Reibe etwa 1 TL Schale von der Limette fein ab. Halbiere die Limette und presse etwa 4 EL Saft aus. Zupfe die Korianderblättchen von den Stielen und hacke sie fein. Vermische die Erdnussbutter mit der Chilischote, dem Koriander, der Limettenschale und 3 TL Limettensaft.

2. Mithilfe einer Pinzette kannst du die Gräten aus dem Lachs herausziehen. Schneide die braune Fettschicht ab und schneide das Filet in 12 ca. 3 cm dicke Stücke. Gebe die Lachsstücke mit der flachen Seite nach oben auf die Arbeitsfläche und bestreiche sie mit je 1 gehäuften TL Erdnusscreme.

3. Rolle die Lachsstücke mit der bestrichenen Seite nach innen auf. Lege jeweils 2 Lachsrollen nebeneinander und stecke sie mit je 2 Holzspießen fest. Stelle die Spieße zugedeckt in den Kühlschrank.

4. Kurz vor dem Grillen bestreichst du den Lachs mit dem restlichen Limettensaft und salzt ein wenig. Gebe die Spieße in eine Alu-Grillschale und grille sie von jeder Seite je 4-6 Minuten.

Tipp: Total gut passt dazu meine Zitronen-Aioli.

Calamares-Spieße in Zitronen-Limetten-Marinade

Zutaten für 4 Personen

2 Bio-Zitronen
2 Bio-Limetten
400 g küchenfertiger Tintenfisch
10 EL Olivenöl
6 frische Lorbeerblätter
Salz
Pfeffer

Zubereitung (60 Minuten)

1. Wasche, trockne und ziehe die Schale der Zitronen und Limetten ab. Schneide die Schalenstücke in feine Streifen. Presse die Zitrusfrüchte aus und fange den Saft in einer kleinen Schüssel auf.

2. Spüle die Tintenfischtuben unter kaltem Wasser ab und tupfe sie trocken. Gebe die Lorbeerblätter, den Zitrussaft, die Zitrusschalen und das Olivenöl in eine Schüssel. Verrühre alles miteinander und schmecke mit Salz und Pfeffer ab. Vermenge den Tintenfisch mit der Marinade und lass ihn dort für etwa eine halbe Stunde liegen.

3. Stecke pro Spieß etwa 3-5 Tintenfischtuben nacheinander auf und brate diese auf dem Grill etwa 5-7 Minuten scharf an. Wende die Spieße regelmäßig und pinsle sie zwischendurch mit der restlichen Marinade ein.

Tipp: Schmeckt super mit gegrilltem Gemüse.

Pikante Garnelen-Kräuter-Päckchen

Zutaten für 6 Personen

18 rohe Garnelen
1 Kräuter-Frischkäse-Butter
(Siehe Grillsaucen und Dips)
½ rote Peperoni
½ Bio-Zitrone
grobes Meersalz

Außerdem
6 Stücke Alufolie (ca. 27 x 40 cm)

Zubereitung (40 Minuten)

1. Taue die Garnelen in einem Sieb auf. Bereite die Kräuterbutter nach Rezept zu. Schneide die Peperoni in feine Ringe. Wasche die Zitrone gründlich, halbiere sie längs und schneide sie in sehr dünne Scheiben.

2. Tupfe die Garnelen trocken, schneide sie am Rücken ein und entferne den Darm. Verteile auf jedes Stück Alufolie je 3 Garnelen, 3 TL Kräuterbutter, einige Peperoni-Ringe und Zitronenscheiben. Würze die Garnelen mit etwas Salz. Schlage die Folie über der Füllung zusammen und verschließe sie gründlich.

3. Grille die Päckchen auf dem heißen Grill etwa 8-12 Minuten lang. Reiche die Garnelen mit der restlichen Kräuterbutter.

Tipp: Reiche doch dein selbstgemachtes Brot dazu. Die Kräuterbutter lässt sich herrlich darauf verteilen und passt super zu den Garnelen.

Scharfe Garnelen zum Snacken

Zutaten für 2 Personen

½ Bund Oregano
1 rote Chilischote
2 Knoblauchzehen
1 Bio-Limette
2 TL Olivenöl
1 Prise Salz
1 Prise Pfeffer
1 kg Garnelen
Rapsöl

Zubereitung (20 Minuten)

1. Zupfe den Oregano von den Zweigen, entkerne die Chilischote und hacke sie. Schäle und presse den Knoblauch. Reibe die Schale der Limette ab. Vermische alles zusammen in einer Schüssel mit dem Olivenöl zu einer Paste und schmecke mit Salz und Pfeffer ab.

2. Gebe die Garnelen zu der Paste, mische alles gründlich durch und stelle die Schüssel zugedeckt für etwa 20 Minuten in den Kühlschrank.

3. Lege den Grillrost mit Alufolie aus und fette sie mit dem Rapsöl ein. Grille die Garnelen darauf etwa 3 Minuten von jeder Seite, bis sie gar sind.

Tipp: Meine Zitronen-Aioli schmeckt sehr gut dazu.

Grillsaucen & Dips

Selbstgemachte Kräuter-Frischkäse-Butter

Zutaten für 1 Portion

1 Bund frische Kräuter (Petersilie, Basilikum oder Schnittlauch)
1 Knoblauchzehe
100 g weiche Butter
100 g Doppelrahm-Frischkäse (zimmerwarm)
grobes Meersalz

Zubereitung (10 Minuten)

1. Wasche und schüttle die Kräuter trocken und hacke sie fein. Schäle den Knoblauch und hacke auch diesen fein. Verreibe den Knoblauch und 1 TL grobes Meersalz in einem Mörser.

2. Gebe die Butter in eine Schüssel und verquirle sie mit einem Handrührgerät zu einer cremigen Masse. Rühre den Frischkäse nach und nach gut unter. Gebe nun die Kräuter zur Buttermischung dazu und rühre sie kurz unter.

3. Schmecke die Kräuterbutter eventuell mit Salz und Pfeffer ab und stelle sie bis zum Servieren kalt.

Tipp: Achte darauf die Butter frühzeitig aus dem Kühlschrank zu nehmen, da sie für die Zubereitung sehr weich sein sollte.

Würzige Pfeffer-Orangen-Sauce

Zutaten für 1 Portion

2 EL getrocknete grüne Pfefferkörner
2 EL Szechuan-Pfeffer
8 Pimentkörner
300 g Schalotten
2 Bio-Orangen
4 Knoblauchzehen
5-6 EL Öl
150 g brauner Zucker
100 ml Worcestershiresauce
120 ml weißer Aceto Balsamico
Salz

Zubereitung (45 Minuten)

1. Zerstoße den Pfeffer und den Piment im Mörser. Würfel die Schalotten und den Knoblauch fein. Die Orangen waschen, trockenreiben und die Schale fein abreiben. Presse den Orangensaft aus und nehme davon 180 ml.

2. Erhitze das Öl in einem Topf und dünste die Schalotten und den Knoblauch darin für einige Minuten glasig an. Gebe erst dann die Pfeffermischung dazu und dünste sie für 2-3 Minuten mit. Füge den Rohrzucker in den Topf und lass ihn schmelzen. Lösche alles mit dem Essig und der Worcestershiresauce ab und fülle den Topf mit dem Orangensaft und 150 ml Wasser auf.

3. Koche die Sauce offen bei mittlerer Hitze etwa 40 Minuten ein. Nach 35 Minuten kannst du die Orangenschale dazugeben. Schmecke nur noch mit Salz und Pfeffer ab und lass die Sauce gut abkühlen.

Tipp: Die Sauce ist gut gekühlt sogar 3 Wochen haltbar.

Mediterraner Joghurt-Dip

Zutaten für 6 Portionen
4 Stiele Oregano
4 Stiele Minze
300 g griechischer Joghurt (10% Fett)
etwas grobes Meersalz
Zucker
3 EL Mineralwasser mit Kohlensäure
2 EL Olivenöl

Zubereitung (10 Minuten)

1. Wasche und trockne alle Kräuter. Zupfe die Blätter von den Stielen und schneide sie in grobe Stücke.

2. Verrühre nun den Joghurt mit etwas Meersalz, 1 Prise Zucker, dem Mineralwasser, dem Olivenöl und den geschnittenen Kräutern.

Tipp: Passt perfekt zu Lamm, Steaks, Spareribs und jeglichem Gemüse.

Leckere Zitronen-Aioli

Zutaten für 6 Portionen

120 g Kartoffeln (vorwiegend festkochend)
150 ml neutrales Öl (z.B. Rapsöl)
1 Ei (zimmerwarm)
1 Knoblauchzehe
150 g griechischer Joghurt (10% Fett)
2 TL Zitronensaft
1 TL Bio-Zitronenschale
Salz
Pfeffer

Zubereitung (30 Minuten)

1. Lege die Kartoffel in einen Topf mit Wasser, sodass diese vollständig bedeckt ist. Koche das Wasser auf und gare sie für mindestens 20 Minuten. Anschließend die Kartoffel pellen, mit einer Gabel zerdrücken und durch ein feines Sieb streichen. Die Kartoffel gut abkühlen lassen.

2. Gebe das Öl, das Ei und den geschälten Knoblauch in ein möglichst hohes und schmales Gefäß. Mit einem Pürierstab die Masse so lange bearbeiten, bis daraus eine cremige Masse entstanden ist. Rühre nun den Joghurt und die Kartoffelmasse unter die Mayonnaise und würze mit der Zitronenschale und -saft, sowie mit Salz und Pfeffer.

Tipp: Passt super zu Rind, Schwein, sowie Gemüse und als Brot-Dip.

Selbstgemachte BBQ-Sauce

Zutaten für 400 ml

160 g Zwiebeln
3 Knoblauchzehen
1 EL Sonnenblumenöl
3 EL Räucherolivenöl
1 EL getrockneter Thymian
1 TL rosenscharfes Paprikapulver
250 ml schwarzer Johannisbeersaft
4 EL Aceto Balsamico
3 EL Worcestershiresauce
4 EL Sojasauce
5 EL Tomatenketchup
1 EL Ahornsirup
1 EL helle Senfsaat
Salz
Pfeffer

Zubereitung (35 Minuten)

1. Würfel die Zwiebeln und den Knoblauch sehr fein. Erhitze das Öl in einem Topf und brate darin den Knoblauch goldgelb an. Gebe nun das Räucherolivenöl sowie die Zwiebeln dazu und dünste alles glasig. Füge den Thymian und das Paprikapulver hinein und dünste die beiden Zutaten kurz mit an. Lösche nur noch mit Essig und Johannisbeersaft ab und rühre die restlichen Zutaten unter. Mit Salz und Pfeffer abschmecken und für etwa 20 Minuten bei mittlerer Hitze auf etwa 400 ml einkochen lassen.

Tipp: Die BBQ-Sauce passt perfekt zu Schweinefleisch und ist im Kühlschrank einige Wochen haltbar.

Frische Kräuter-Salsa

Zutaten für 6 Portionen

1 Bund Minze
1 Bund glatte Petersilie
1 Bund Dill
2 Frühlingszwiebeln
Salz
etwas Zucker
1 Msp. Chiliflocken
8 EL Zitronensaft
100 ml Olivenöl

Zubereitung (15 Minuten)

1. Hacke die Kräuter fein. Putze die Frühlingszwiebeln, halbiere das Weiße und das Hellgrüne längs und schneide beides in feine halbe Ringe.

2. Vermische alle Zutaten miteinander und zuletzt das Öl unter.

Tipp: Passt super zu Lammfleisch, aber auch Fisch und Brot sowie Gemüse.

Süß-scharfe Honig-Senf-Sauce

Zutaten für 4 Portionen

200 g Mayonnaise
4 EL mittelscharfer Senf
2 EL Dijon Senf
6 EL Honig
1 EL Zitronensaft
Salz
Pfeffer

Zubereitung (5 Minuten)

1. Verrühre den Senf mit dem Honig.

2. Gebe die Mayonnaise und den Zitronensaft dazu. Verrühre alles zu einer cremigen Sauce. Würze noch mit Salz und Pfeffer.

Tipp: Passt als Dip zu Brot, sowie jeglichem Fleisch und sogar als Dressing für deinen Salat.

Fruchtige Heidelbeer-Mayonnaise

Zutaten für 4 Portionen

3 EL Blaubeeren aus dem Glas
1 EL Blaubeersaft aus dem Glas
100 g Mayonnaise
1 EL Balsamico Bianco
½ Zwiebel
1 TL Thymian
1 TL Rosmarin
Salz
Pfeffer

Zubereitung (15 Minuten)

1. Schneide die Zwiebel in feine Würfel.

2. Erhitze das Öl in einer Pfanne und dünste die Zwiebeln darin glasig. Lösche die Zwiebeln mit dem Balsamico ab und gebe die Blaubeeren und den Saft hinzu.

3. Schmecke die Sauce mit Salz, Pfeffer, Rosamarin und Thymian ab. Rühre alles kräftig durch und koche die Sauce ein wenig ein.

4. Nimm die Sauce vom Herd und lass sie abkühlen. Anschließend verrührst du sie mit der Mayonnaise.

Tipp: Passt optimal zu Lamm oder Rind.

Desserts

Klassischer Bra4apfel gefüllt mit Vanillepudding vom Grill

Zutaten für 4 Portionen

4 Äpfel
1 Packung Vanillepudding
20 g gehackte Nüsse
50 g Rosinen
20 g Marzipan Rohmasse in kleine Flöckchen geschnitten
80 g gekochte und gehackte Maroni
20 g Butter in feine Flöckchen geschnitten

Zubereitung (15-30 Minuten)

1. Wasche die Äpfel, tupfe sie trocken und trenne die Oberseite ab, damit du vorsichtig das Kerngehäuse ausschneiden kannst. Auch die Unterseite der Äpfel schneidest du etwas ab, damit sie auch einen festen Stand haben.

2. Bereite den Vanillepudding nach Packungsanleitung zu und vermische ihn mit den Nüssen, den Maroni und den Rosinen.

3. Gebe die Äpfel in eine feuerfeste Form und fülle sie mit der Vanillepudding-Füllmasse. Bedecke sie mit den Marzipan- und Butterflöckchen.

3. Gebe die Bratäpfel auf den Grill und schließe den Deckel. Etwa 20 Minuten garen die Äpfel darin, bis sich die Schale runzelig zusammenzieht.

Tipp: Ein wenig Vanillesauce dazu macht den Bratapfel zum Dessert-Liebling.

Knuspriges Apple-Crumble

Zutaten für 4 Portionen

Für das Kompott

4 Äpfel
100 g Trauben
1 TL Zimt
2 EL Orangensaft
1 EL Vanille-Extrakt
etwas Tonkabohne

Für die Streusel

100 g Mehl
100 g kernige Haferflocken
100 g brauner Zucker
100 g kalte Butter in Stückchen
Meersalz
Zimt
Muskatnuss

Zubereitung (60 Minuten)

1. Wasche für das Kompott die Äpfel, entkerne sie und schneide sie in kleine Würfel. Halbiere die Trauben und verteile die Früchte mit allen Gewürzen und dem Orangensaft in einer großen Grill-festen Form.

2. Verknete alle Streusel-Zutaten schnell mit den Händen zusammen, bis schöne Streusel entstehen. Verteile sie auf dem Kompott.

3. Gebe die Form auf den Grill in die indirekte Zone und grille das Apple-Crumble etwa 45-50 Minuten lang.

Tipp: Warme Vanillesauce oder ein wenig Vanilleeis dazu schmeckt fantastisch.

Kürbis in Orangen-Zimt-Marinade vom Grill

Zutaten für 4 Portionen

½ Hokkaido-Kürbis
1 Orange
1 daumengroßes Stück Ingwer
1 Chilischote
1-2 Zimtstangen
2 EL Olivenöl
1-2 EL brauner Zucker

Zubereitung (30 Minuten)

1. Halbiere den Kürbis und befreie ihn vom Kerngehäuse. Schneide den Kürbis nun in schmale Spalten und lege sie in eine Auflaufform.

2. Für die Marinade hacke den Ingwer und das Chili in kleine Stückchen. Vermische beides mit dem Saft der Orange, dem Olivenöl und dem braunen Zucker. Zerbrösle die Zimtstangen und gebe Sie zusammen mit der Marinade über die Kürbisspalten. Lass den Kürbis am besten über Nacht aber mindestens 2 Stunden ziehen.

3. Gebe die marinierten Kürbisspalten auf den heißen Grill und gare sie so lange, bis sie zwar gar aber noch bissfest sind.

Tipp: Um den Kürbis ein wenig zu verzieren und ihn noch leckerer zu machen, passen Grantapfelkerne und Pekannüsse dazu.

Winterliche Schoko-Lebkuchen-Muffins mit Preiselbeermarmelade

Zutaten für 7 Portionen

100 g Schoko-Lebkuchen
50 g Preiselbeermarmelade
2 Eier
150 g Ahornsirup
100 ml Milch
2 EL Limoncello
100 g Butter
50 g brauner Zucker
350 g Mehl
2 TL Backpulver
2 TL Lebkuchengewürz
1 Prise Salz

Außerdem
Muffin-Papier-Förmchen

Zubereitung (60 Minuten)

1. Schneide den Lebkuchen in nicht zu große Würfel und vermische sie mit der Marmelade, dem Lebkuchengewürz und dem Limoncello. Lass die Lebkuchenstücke etwa eine halbe Stunde ziehen.

2. Schmelze auf einem Seitenkocher die Butter bei milder Hitze, lasse sie ein wenig abkühlen und verrühre sie mit dem Zucker, dem Ahornsirup, der Milch und den Eiern.

3. Vermische das Mehl mit dem Backpulver und dem Salz. Vermenge nun alle drei Mischungen miteinander und fülle sie in die Muffin-Papier-Förmchen.

4. Platziere die Förmchen auf eine Grill-feste Auflaufform und gebe die Form auf den Grill, sodass die Brownies indirekt für etwa 25 Minuten backen.

Tipp: Eine cremige Schokosauce sorgt für eine regelrechte Geschmacksexplosion.

Winter-Brownies mit Walnüssen

Zutaten für 10 Portionen

250 g Butter
250 g Schokolade
450 g Zucker
1 Pck. Vanillezucker
4 Eier
½ Zitrone (davon die abgeriebene Schale)
300 g Mehl
½ TL Backpulver
240 g Walnüsse
½ TL Zimt
1 Prise Kardamom
½ TL Gewürznelken
1 Prise gemahlener Ingwer

Zubereitung (30 - 60 Minuten)

1. Schmelze die Schokolade und die Butter in einem kleinen Topf. Schlage die Eier in einer Rührschüssel zusammen mit dem Zucker, dem Vanillezucker, der Zitronenschale und den Gewürzen schaumig.

2. Währenddessen kannst du das Mehl und das Backpulver miteinander versieben. Hacke die Walnüsse fein.

3. Vermenge das Butter-Schokoladen-Gemisch mit der Eiermasse. Rühre dann das Mehl, das Backpulver und die Walnüsse unter.

4. Gebe die Brownie-Masse auf ein mit Backpapier ausgelegtes Backbleck und streiche sie etwa 3 cm hoch auf. Nun kann das Backblech auf den Grill und die Brownies bei geschlossenem Deckel etwa 25 Minuten backen. Danach die Brownies in Stücke schneiden.

Tipp: Die Brownies sollen außen knusprig und innen schön cremig sein, deswegen unbedingt darauf achten, sie nicht zu lange zu backen.

Kleines Geschenk

Der klassische Glühwein wie vom Weihnachtsmarkt

Zutaten für 4 Portionen

1 l trockener Rotwein
1 Orange
2 Zimtstangen
3 Nelken
4 EL brauner Zucker
1 Prise Kardamom

Zubereitung

Reiben Sie die Schale der Orange ab und schneiden Sie die Frucht in Scheiben.

Erhitzen Sie den Rotwein mit dem Abrieb der Orange, den Orangenscheiben, den Zimtstangen, dem Zucker und den Nelken. Achten Sie darauf, dass der Wein nicht kocht. Lassen Sie den Glühwein abgedeckt für etwa 30 Minuten ziehen.

Gießen Sie den Wein durch ein Sieb, geben Sie den Kardamom hinzu und servieren Sie den Glühwein heiß.

Wärmender Mandel-Kirsch-Punsch

Zutaten für 4 Portionen

500 ml Sauerkirschnektar
400 ml Weißwein
1 Zimtstange
8 Gewürznelken
2 Sternanis
14 schwarze Pfefferkörner
1 großes Stück Bio-Zitronenschale
80 ml Amaretto
1-2 EL Honig

Zubereitung

Geben Sie den Kirschnektar mit dem Wein, den Gewürzen und der Zitronenschale in einen Topf. Erhitzen Sie alle Zutaten zugedeckt und reduzieren Sie die Hitze, sobald die Flüssigkeit leicht zu kochen beginnt. Lassen Sie den Punsch bei kleiner Hitze etwa 15 Minuten ziehen.

Geben Sie nun den Amaretto in den Topf und süßen Sie nach Belieben mit Honig. Lassen Sie den Punsch kurz heiß werden und gießen Sie ihn durch ein Sieb. Sofort servieren.

Spritziger Cranberry-Orangen-Punsch

Drivers Punsch

Zutaten für 4 Portionen

300 ml Cranberry-Saft
200 ml Orangensaft
1 Bio-Orange
1 Zimtstange
5 Nelken
½ Vanilleschote
1-2 EL brauner Zucker

Zubereitung

Schälen Sie die Orange und legen Sie die Schalte beiseite. Halbieren Sie die Vanilleschote.

Geben Sie die Orangenschale, den frisch gepressten Saft, die Vanilleschote, den Cranberry-Saft, den Orangensaft, die Zimtstange und die Nelken mi 500 ml Wasser in einen Topf. Lassen Sie den Punsch 30 Minuten bei niedriger Hitze ziehen. Achten Sie darauf, dass die Flüssigkeit nicht kocht.

Entfernen Sie die Gewürze und die Orangenschale. Süßen Sie nach Bedarf und servieren Sie sofort.

The End

Impressum

1. Auflage

32233592R00043

Printed in Poland
by Amazon Fulfillment
Poland Sp. z o.o., Wrocław